AOMI TIAN

孩子最爱看的

奥秘
天下

HAIZI ZUI AI KAN DE BAOZANG AOMI CHUANQI

宝藏奥秘传奇

主编 崔钟雷

北方联合出版传媒（集团）股份有限公司

万卷出版公司

前言
PREFACE

　　没有平铺直叙的语言，也没有艰涩难懂的讲解，这里却有你不可不读的知识，有你最想知道的答案，这里就是《奥秘天下》。

　　这个世界太丰富，充满了太多奥秘。每一天我们都会为自己的一个小小发现而惊喜，而《奥秘天下》是你观察世界、探索发现奥秘的放大镜。本套丛书涵盖知识范围广，讲述的都是当下孩子们最感兴趣的知识，既有现代最尖端的科技，又有源远流长的

古老文明;既有驾驶海盗船四处抢夺的海盗,又有开着飞碟频频光临地球的外星人……这里还有许多人类未解之谜、惊人的末世预言等待你去解开、验证。

　　《奥秘天下》系列丛书以综合式的编辑理念,超海量视觉信息的运用,作为孩子成长路上的良师益友,将成功引导孩子在轻松愉悦的氛围内学习知识,得到切实提高。

编　者

奥秘天下
AOMI TIANXIA

孩子最爱看的
宝藏奥秘传奇
HAIZI ZUI AI KAN DE
BAOZANG AOMI CHUANQI

目录
CONTENTS

Chapter 1 第一章

奥秘天下
AOMI TIANXIA
孩子最爱看的
宝藏奥秘传奇
HAIZI ZUI AI KAN DE
BAOZANG AOMI CHUANQI

Chapter 2 第二章

Chapter 3 第三章

目录
CONTENTS

奥秘天下
AOMI TIANXIA

孩子最爱看的
宝藏奥秘传奇
HAIZI ZUI AI KAN DE
BAOZANG AOMI CHUANQI

Chapter 4 第四章

Chapter 5 第五章

目录
CONTENTS

CHAPTER 1 第一章
惊天世界考古发现

在漫漫时光中，一些曾经璀璨的文明在历史的长河中蒙上了尘埃，但它们并不会就此沉寂。它们是历史赐与我们的瑰宝，在某个地方静静地等待着我们去发现……

史前 南美大隧道

nán měi dà suì dào shì yí wèi míng jiào mò lǐ sī de xué zhě zài è guā duō
南美大隧道是一位名叫莫里斯的学者在厄瓜多

ěr gòng hé guó jìng nèi de mó luò ná shèng dì yà gē shěng fā xiàn de
尔共和国境内的摩洛拿圣地亚哥省发现的。

nián kǎo gǔ xué jiā duì nán měi dà suì dào jìn xíng le kǎo chá yí gè
1972年,考古学家对南美大隧道进行了考察。一个

jù dà de tīng táng zhōng yāng yǒu yì zhāng zhuō zi hé bǎ yǐ zi yǐ zi de cái
巨大的厅堂中央有一张桌子和7把椅子。椅子的材

liào jì bú xiàng shí tou mù cái yě bú xiàng jīn shǔ dàn xiàng gāng tiě yí yàng
料既不像石头、木材,也不像金属,但像钢铁一样

yìng yǐ zi hòu miàn bǎi fàng zhe yòng chún jīn zuò de dòng wù mó xíng zhuō zi
硬。椅子后面摆放着用纯金做的动物模型,桌子

上有用金箔做成的书页，上面密密麻麻满是无人能解的文字。除此之外，人们还发现了恐龙的雕像、穿着太空服的人像等显示现代科技的物品。

究竟是什么人建造了这个隧道，又为何在其中存放了如此多的珍贵物品？人们至今无法解释。

金书?

南美大隧道中，最让我们叹为观止的是在许多民族的传说中都提到的金书。金书由一种未知的金属板制成，大约有几千页，每一页上都盖有奇怪的印章。书上的文字好像是用机器压上去的，是一种我们未知的文字。

布局

隧道的通道时宽时窄，顶部像被加工过，墙壁十分光滑。

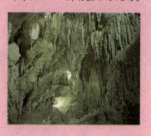

古代遗物

隧道里蕴藏的古代遗物对我们研究人类的文化和历史有着重要的作用。

洞口

深深的洞口过后，等待我们的是无尽的神奇。

解密 国王谷

AOMI TIANXIA

埃及尼罗河西岸的国王谷是指毕班·埃尔穆鲁克的帝王陵墓群，它是在石灰岩壁上开凿的一条坡度很陡的隧道。从托特米斯一世开始，之后的五百多年时间里，埃及法老都放弃了金字塔陵墓，而将自己的木乃伊埋葬于国王谷。要进入墓穴需要通过一条长长的隧道，希腊人觉得这条长长的隧道很像是牧童吹的

国王谷

国王谷中有埃及第17到第20王朝间的64位法老的陵墓。

cháng dí　　yú shì jiù jiāng zhè zhǒng yán xué líng mù chēng wéi　dí xué

长笛,于是就将这种岩穴陵墓称为"笛穴"。

suí zhe dì wáng líng mù shù liàng de zēng duō　guó wáng gǔ péi zàng de jīn

随着帝王陵墓数量的增多,国王谷陪葬的金

yín cái bǎo yě yuè lái yuè duō　guó wáng gǔ bú zài shì yí gè wú rén zhī xiǎo de

银财宝也越来越多。国王谷不再是一个无人知晓的

shén mì dì diǎn　ér chéng le yí gè jù liǎn le dà liàng zhēn bǎo de bǎo kù

神秘地点,而成了一个聚敛了大量珍宝的宝库。

jǐn guǎn zāo yù le dào mù zéi de qīn xí　guó wáng gǔ de dà duō shù wén wù zuì

尽管遭遇了盗墓贼的侵袭,国王谷的大多数文物最

zhōng hái shi bèi bǎo cún le xià lái

终还是被保存了下来。

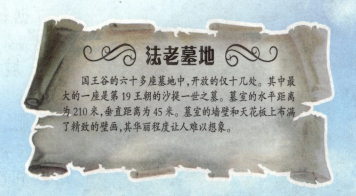

法老墓地

国王谷的六十多座墓地中,开放的仅十几处。其中最大的一座是第19王朝的沙提一世之墓。墓室的水平距离为210米,垂直距离为45米。墓室的墙壁和天花板上布满了精致的壁画,其华丽程度让人难以想象。

繁盛的 耶利哥古城

AOMI TIANXIA

耶利哥是驰名世界的古老城市。耶利哥原意指"月亮之城"、"香料之城"。它位于注入死海的约旦河口西北约15千米处的巴勒斯坦境内的埃里哈城郊，地处亚热带地区，常年干燥、少雨。在附近的苏丹泉和厄利夏泉的滋润下，才形成一片富饶的绿洲。

据《圣经》记载：耶利哥城原本水不清、土不肥。上帝的使者先知以利沙知道这里的情况后，让当地居民拿出一只碗，并在里面 盛满盐，以利沙将满满的一碗盐撒入井中，从此，耶利哥城变得流水清澈、土壤肥沃。

耶利哥城历史悠久，城中出土的文物则将人类城市的起源时间从公元前5000年提早到公元前8000年。

乌加里特的兴衰史

AOMI TIANXIA

腓尼基坐落在黎巴嫩山和地中海之间,以产紫红染料和紫红色布匹著称于世。久负盛名的乌加里特就是由腓尼基人建造的。

乌加里特坐落在叙利亚西北最大海港城市拉搭基亚郊外的沙姆拉角,掩埋在一个名叫"茴香丘"的山丘之中,西濒地中海,是古代著名的商业和航海中心。1928年,一名农夫在沙姆拉角翻耕农田时发现了乌加里特。历史上,乌加里特曾与邻近国家赫梯和埃及结盟,商业发达。

影响

腓尼基的文化对希腊文化有着巨大的影响。

军事

腓尼基人是一个强大的民族，拥有先进的军事水平。

文字

两块刻有腓尼基古文字的石板。

hòu lái wū jiā lǐ tè chéng bèi yí cì kōng qián de dà dì zhèn cuī huǐ
后来，乌加里特城被一次空前的大地震摧毁

le jǐn guǎn rén men chóng jiàn le gāi chéng shì dàn tā yǐ jīng méi yǒu le wǎng
了，尽管人们重建了该城市，但它已经没有了往

rì de fán shèng gōng yuán qián shì jì chū wū jiā lǐ tè chéng zuì zhōng
日的繁盛。公元前12世纪初，乌加里特城最终

xiāo shēng nì jì le
销声匿迹了。

腓尼基字母

腓尼基商业和航海业比较发达，当时盛行的象形文字和楔形文字比较复杂，使用它们无疑会给视时间如金钱的腓尼基人带来损失。无奈的腓尼基人在前人成果的基础上，发明了简便的22个腓尼基字母。

神的住所——阿兹特克大都市
● ● ● ● · AOMI TIANXIA

　　特奥蒂瓦坎古城位于墨西哥的首都墨西哥城东北约40千米处，建于公元1 ～ 公元7世纪。12世纪时阿兹特克人来到这里，将其命名为特奥蒂瓦坎。

　　传说，星空女神、星图之神、大师魁扎尔科亚特尔神和特拉洛克雨神为了指点人类而来到这

遗址
　　从阿兹特克遗址斑驳的城墙上依稀可见那古老的文明。

里，离开时留下了这座城市，所以"特奥蒂瓦坎"意为众神创造的地方。

城内的著名遗迹有冥街、太阳神金字塔和月亮神金字塔、用云母铺成的地窖、羽蛇庙、鸟蝶宫……

曾经的特奥蒂瓦坎古城盛极一时，手工业是主要的经济活动，此城一度被人们称为"陶工之都"，但后来却突然衰落，衰落的原因则成为一个千古谜团。

文明

阿兹特克文明是中美洲最古老的文明之一。

雕刻

阿兹特克人的雕刻艺术已达到了很高的水平。

图画文字

阿兹特克人使用的文字仍属于图画文字。

19

黄金城——迈锡尼

AOMI TIANXIA

hé mǎ shǐ shī zhōng jì lù le yí gè jiào zuò mài xī ní de dì fang
《荷马史诗》中记录了一个叫做迈锡尼的地方，

tā shì tè luò yī zhī zhàn zhōng de xī là lián jūn tǒng shuài ā gā mén nóng de
它是特洛伊之战 中 的希腊联军统 帅阿伽门农的

gù xiāng nián dé guó kǎo gǔ xué jiā xiè lǐ màn fā xiàn le mài xī ní
故乡。1876年，德国考古学家谢里曼发现了迈锡尼

gǔ chéng
古城。

mài xī ní
迈锡尼

wén míng xīng qǐ yú
文明兴起于

gōng yuán qián
公元前2000

nián qián hòu de zǎo
年前后的早

qī qīng tóng qì shí
期青铜器时

手工业

迈锡尼的铜匠每天的工作量很大，但我们不知道他们是如何获得报酬的。图为迈锡尼出土的铜质器皿。

建筑

迈锡尼的建筑规模宏大，雄伟壮观。

遗址

在迈锡尼遗址发现的文物，对我们研究迈锡尼的历史有重要的作用。

dài zài hé mǎ de jì shù zhōng mài xī ní zuì xīng shèng shí shì yí gè yǐ jīn
代。在荷马的记述中，迈锡尼最兴盛时是一个以金

yín zhì pǐn míng yáng sì hǎi de huáng jīn dū shì hòu lái duì tè luò yī de
银制品名扬四海的"黄金都市"。后来，对特洛伊的

zhēng zhàn shǐ fù yù de mài xī ní kāi shǐ shuāi luò gōng yuán qián shì jì
征战使富裕的迈锡尼开始衰落，公元前12世纪

mò xī là běi bù de duō lì yà rén cuī huǐ le zhè zuò chéng shì
末，希腊北部的多利亚人摧毁了这座城市。

dàn shì yǒu huáng jīn chéng měi chēng de mài xī ní bìng bù chū chǎn jīn
但是，有黄金城美称的迈锡尼并不出产金

kuàng nà huáng jīn shì cóng hé lái de ne mài xī ní chéng bì lěi sēn yán wèi
矿，那黄金是从何来的呢？迈锡尼城壁垒森严为

hé lǚ lǚ lún xiàn kǒng pà zhè yí xì liè nán tí zhǐ yǒu děng dài hòu rén de bú
何屡屡沦陷？恐怕这一系列难题只有等待后人的不

duàn tàn suǒ cái néng zhǎo dào dá àn le
断探索才能找到答案了。

《荷马史诗》

《荷马史诗》相传是由古希腊的盲诗人荷马所作，由《伊利亚特》和《奥德赛》两部长篇史诗组成。书中包括了迈锡尼文明以后几个世纪的口头传说，丰富的思想内容和独特的创作手法使其成为古希腊文化的杰出代表。

狮子门

狮子门是迈锡尼建筑最突出的成就之一。

探索

迈锡尼的秘密还等待着人们去发掘。

▲ 印加文明遗址。

神圣之地——库斯科
AOMI TIANXIA

库斯科古城坐落在秘鲁南部的安第斯山脉的库斯科盆地中，是南美洲大陆史前时代拥有最大版图的帝国，15世纪中叶至16世纪初期达到鼎盛。16世纪，西班牙殖民者入侵南美洲，攻破了这个城市。

在印第安人的传说中，创造神创造了一

▲ 安第斯山脉。

duì liǎng qíng xiāng yuè de qīng nián nán nǚ bìng jiāo
对两情相悦的青年男女并教
huì le tā men gè zhǒng jì néng tā men zài
会了他们各种技能，他们在
shén de zhǐ yǐn xià lái dào le kù sī kē pén dì
神的指引下来到了库斯科盆地
ān jū lè yè kù sī kē gǔ chéng jiù zhè yàng
安居乐业，库斯科古城就这样
jiàn lì qǐ lai bìng chéng wéi yìn jiā dì guó zhèng zhì jīng jì wén huà hé zōng
建立起来，并成为印加帝国政治、经济、文化和宗
jiào zhōng xīn
教中心。

nián nán měi zhōu yìn dì ān rén yùn dòng dì yī cì dài biǎo dà huì
1980年，南美洲印第安人运动第一次代表大会
zài kù sī kē zhào kāi zài huì yì shang kù sī kē gǔ chéng bèi mìng míng wéi
在库斯科召开。在会议上，库斯科古城被命名为
shì jiè yìn dì ān rén de shǒu dū
"世界印第安人的首都"。

闪米特人的地下迷宫

AOMI TIANXIA

wèi yú tǔ ěr qí dōng nán bù de kǎ pà duō jǐ yà de dì xià mái cáng zhe
位于土耳其东南部的卡帕多基亚的地下埋藏着

shén mì ér gǔ lǎo de dì xià mí gōng
神秘而古老的地下迷宫。

jù shuō shēn mái zài dì xià de chéng shì mí gōng néng gòu tóng shí róng nà
据说，深埋在地下的城市迷宫能够同时容纳

wàn rén jū zhù tā shì yì zhǒng duō céng de lì tǐ xìng jiàn zhù ér tōng
30万人居住。它是一种多层的立体性建筑，而通

wǎng dì xià chéng shì de tōng dào jiù yǐn cáng zài cūn zi de fáng wū xià miàn zài
往地下城市的通道就隐藏在村子的房屋下面。在

dài lín kù yóu cūn fù jìn de dì xià mí gōng shàng miàn de wǔ céng jiù kě róng
代林库尤村附近的地下迷宫，上面的五层就可容

▲ 地下迷宫内部构造。

nà yí wàn rén　　ér jǐn zuì shàng céng de miàn jī jiù
纳一万人，而仅最上层的面积就
dá　píng fāng qiān mǐ　nà lǐ zhì shǎo yǒu　kǒu tōng
达4平方千米。那里至少有50口通
fēng jǐng hé　　　　tiáo xiǎo xíng dì dào　dì xià
风井和15 000条小型地道。地下
chéng shì hái jiàn yǒu xù shuǐ chí　mù qián　rén men zài
城市还建有蓄水池。目前，人们在
zhè yí dì qū fā xiàn de dì xià chéng shì yǒu sān shí
这一地区发现的地下城市有三十
duō zuò　guī mó dà xiǎo bù yī
多座，规模大小不一。

xiàn zài de yán jiū rén yuán rèn wéi shì shǎn mǐ tè rén jiàn zào le dì xià mí
现在的研究人员认为是闪米特人建造了地下迷
gōng　dàn tā men wèi hé yào jiàn zào dì xià mí gōng　yòu shì rú hé jiàn zào de
宫，但他们为何要建造地下迷宫、又是如何建造的
hái wèi zhī
还未知。

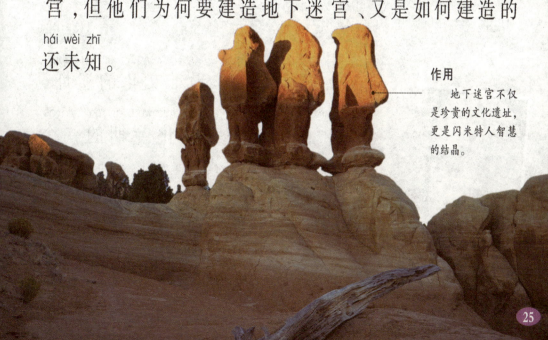

作用

地下迷宫不仅
是珍贵的文化遗址，
更是闪米特人智慧
的结晶。

25

奥梅克 文化之谜

AOMI TIANXIA

奥梅克文化

奥梅克文化是中美洲文明的鼻祖，它为人类社会提供了丰富的文化财富。

3000年前，中美洲的墨西哥湾附近出现了奥梅克文化。一般认为，玛雅文化是中美洲的正统印第安文化，崔斯萨波特古城是玛雅文化的遗址。但后来发现，崔斯萨波特古城兴起于公元前500～公元100年之间，并非玛雅文化的遗址，而是奥梅克文化晚期的一个中心。所以，奥梅克文化应该早于玛雅文化。

▲ 奥梅克巨石头像。

公元前1500～前1100年，奥梅克人曾在拉文达居住过。直到公元前400年前后，所有在建的建筑工程突然中止，已建成的建筑也大都被刻意破坏和摧毁。大大小小的石像和雕刻被埋在由蓝色细砖砌成的坟墓中，高大的金字塔矗立在遗址的南端。

▲ 奥梅克文物。

奥梅克雕像

奥梅克人在雕像上的造诣很高，连现代人都赞叹不已。

特点

奥梅克雕像大都雕刻着凝视的眼睛和厚厚的嘴唇。

考古学家称拉文达遗址为"礼仪中心"，但是它真正的作用却无人知晓。很多人认为，奥梅克文化并非中美洲的文化之母，对玛雅文化也没什么影响。但这一推测由于人们对奥梅克文化的了解有限而并没有成为定论。

CHAPTER 2 第二章
美洲宝藏

　　美洲是一块物产丰饶的土地，这里不仅有着得天独厚的自然资源，还孕育出了高度发达的文明。除此之外，流传在这片土地上的寻宝传说更是让人心动不已。

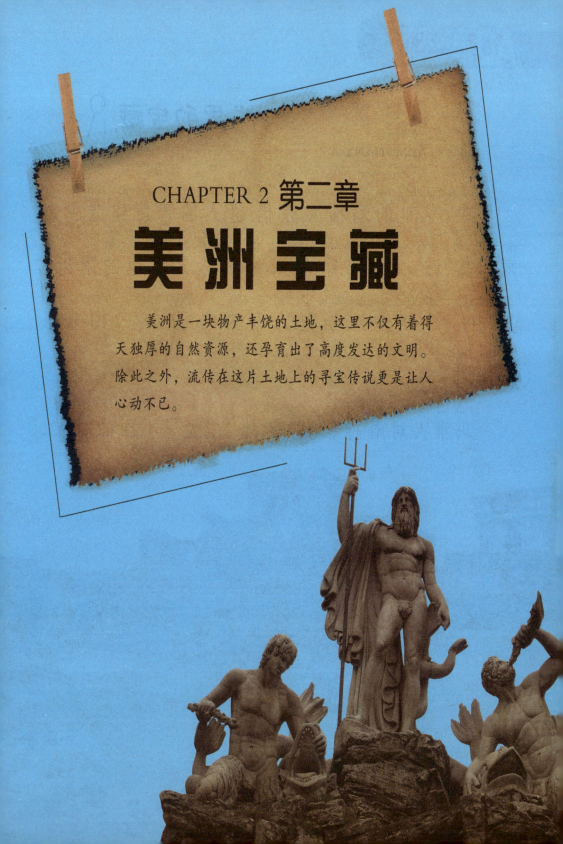

玛雅人 "圣井"里的宝藏

· AOMI TIANXIA

　　中美洲的玛雅人凭借超人的智慧建造了奇琴伊察城。城市建在两个天然大水池的附近，其中一个水池被当地人奉为"圣井"，用来祭祀雨神。

　　玛雅人对雨神极其崇拜，在久旱不雨的时候，

玛雅人会选择一位14岁的少女投入圣井中给雨神做新娘子。所以很多人认为玛雅人的圣井中藏着很多祭祀用的宝藏。

美国人爱德华·汤普逊在挖掘圣井的过程中发现了很多金银财宝和青年男女的骨骸。但除了宝藏之外，他还见过一条长达4米的大蛇。

几年以后，汤普逊将圣井里宝藏的秘密公之于众，然而他没能对玛雅人将宝藏藏于圣井的原因作出合理的解释。

玛雅文明

玛雅文明十分神秘，它似乎是从天而降，而又在繁盛时戛然而止。

天文

玛雅人在天文学上的造诣很高，他们的天文数据已相当精确。

天文台

玛雅人观察天象的天文台。

31

▲ 马丘比丘古神庙遗址。

"失落之城" 马丘比丘

●●●● · AOMI TIANXIA

nián qián hòu　　yìn jiā guó wáng pà chá kù dì jiàn zào le mǎ qiū bǐ
1440 年前后，印加国王帕查库蒂建造了马丘比

qiū　zài yìn jiā dì guó bèi xī bān yá zhí mín zhě huǐ miè de shí hou　mǎ qiū bǐ
丘。在印加帝国被西班牙殖民者毁灭的时候，马丘比

qiū yě xiāo shī zài zhàn huǒ zhōng
丘也消失在战火中。

nián　měi guó tàn xiǎn jiā hǎi lè mǔ　bīn hǎi mǔ wèi le xún zhǎo yìn
1911 年，美国探险家海勒姆·宾海姆为了寻找印

jiā bǎo zàng　kāi shǐ le zì jǐ de tàn xiǎn zhī lǚ　ǒu rán de fā xiàn ràng mǎ
加宝藏，开始了自己的探险之旅，偶然的发现让马

qiū bǐ qiū chóng xīn chū xiàn zài shì rén miàn qián
丘比丘重新出现在世人面前。

nián　　wèi le bǎo hù mǎ qiū bǐ qiū
1981年，为了保护马丘比丘

▲ 马丘比丘的太阳神庙。

gǔ chéng yí zhǐ　　bì lǔ zhèng fǔ jiāng gǔ chéng jí qí fù jìn dì
古城遗址，秘鲁政府将古城及其附近地

qū huà wéi　　lì shǐ bǎo hù qū　　gāo sǒng de shān fēng　shēn suì
区划为"历史保护区"。高耸的山峰、深邃

de xiá gǔ　biàn dì de lán huā　gòu chéng le mǎ qiū bǐ qiū zuì hé
的峡谷、遍地的兰花，构成了马丘比丘最和

xié měi lì de jǐng guān　yě ràng mǎ qiū bǐ qiū chéng wéi le yí zuò
谐美丽的景观，也让马丘比丘成为了一座

kōng zhōng huā yuán　　xiàn zài　rén men dōu zài wèi bǎo hù zhè zuò
"空中花园"。现在，人们都在为保护这座

kōng zhōng huā yuán　ér zī zī bú juàn de nǔ lì zhe
"空中花园"而孜孜不倦地努力着。

世界第一大宝藏——印加宝藏

AOMI TIANXIA

1438年，印加人在南美洲建立了一个强大的奴隶制帝国——印加帝国。这一地区的黄金总量相当于当时世界上其他地区金子的总和。

1531年，西班牙殖民者为抢夺黄金，入侵印加帝国。他们又进入亚马孙原始森林中妄图寻找黄金，但以

石俑

此图为印加人制作的石骆驼，这些石俑可能是典礼或仪式时使用的。

别称

印加帝国又被称为"美洲的罗马"。

遗址

马丘比丘是最重要的印加遗址。

失败告终。在此之后，陆续有人进入亚马孙丛林中寻找印加传说的黄金城，一支数百人的探险队发现了传说中的黄金城，他们虽然找到了巨额宝藏，但有550人为此献出了宝贵的生命。

除了亚马孙丛林，据说，瓜达维达湖、的的喀喀湖也有大量的印加宝藏。虽然找寻者众多，但找到宝藏的人很少。很多人猜测，这些宝藏可能深埋在地下或被投入了湖中。

的的喀喀湖

的的喀喀湖位于玻利维亚和秘鲁两国的交界处，是世界上海拔最高的、可通航的淡水湖，被称为"高原之珠"。它是南美洲印第安人文化的发源地之一，被印第安人称为圣湖。传说，它是太阳神和月亮神的儿子来到凡间创建的圣地。

金属制品

印加人的金属加工业比较发达，已懂得冶炼合金。

印加人

印加人在安第斯山区建立了一个幅员辽阔的国家。

寻找黄金国

AOMI TIANXIA

大多数神话都有一些事实依据，黄金国的神话也是如此。哥伦布就声称在美洲新大陆发现了大量的黄金。

先后有几百支探险队，怀着疯狂的黄金梦来到这片南美丛林，但进去的多，出来的少。在寻找黄金的路上，不知留下了多少冒险家、士兵和印第安人的尸骨，但神秘的"黄金国"仍然没有找到。

并非虚构

　　黄金国的传说也许并非虚构。但是,它又在哪儿呢?

虽然人们一直没有找到传说中的黄金国,但是黄金国对人们的诱惑力丝毫没有减弱,仍然有人相信黄金国确实存在,而且就隐藏在美洲的某个雨林深处,所以,寻找黄金国的行动也从未中断过。

黄金国传说

　　传说,穆伊斯卡新皇即位大典在黎明举行。新皇全身洒满金粉,戴上黄金饰品,乘坐木筏,从湖岸出发。周围的族人燃起野火,奏起乐器,新皇便跃入湖中,把身上的金粉一洗而净,祭师和贵族们也同时向湖中投入贵重的金饰,献给太阳神。

恐怖的亚利桑那州金矿

AOMI TIANXIA

在美国亚利桑纳州有一个叫做迷信山的地方，它位于美国亚利桑那州科罗拉多大峡谷的某处，那里荒草丛生，怪石嶙峋，经常有猛兽出没，特别是有剧毒的响尾蛇。

曾经的迷信山是一大片荒凉之地，有三个印第安人部族在这里狩猎，后来，阿帕奇人占领了此

▲ 科罗拉多大峡谷。　　　　　　▲ 亚利桑那州的仙人掌林。

dì bìng zài cǐ fā xiàn le jīn kuàng
地，并在此发现了金矿。ā pà qí rén yán shǒu zhè ge mì mì阿帕奇人严守这个秘密，
zài jiā shàng nà lǐ de huán jìng fù zá dì shì xiǎn è zhí dào shì jì
再加上那里的环境复杂、地势险恶，直到16世纪
mò xī bān yá zhí mín zhě cái zhī dao le bǎo zàng de mì mì dàn yóu yú dì
末，西班牙殖民者才知道了宝藏的秘密，但由于地
xíng bù shú bǎo zàng méi yǒu bèi rén zhǎo dào
形不熟，宝藏没有被人找到。

shì jì zhōng qī mí xìn shān wéi
17世纪中期，迷信山为
pèi lā ěr tǎ jiā zú suǒ yǒu nián
佩拉尔塔家族所有。1846年，
pèi lā ěr tǎ jiā zú zǔ zhī le yì zhī tàn
佩拉尔塔家族组织了一支探
xiǎn duì kāi shǐ sōu xún chuán shuō zhōng de
险队开始搜寻传说中的

▲ 装满金银珠宝的宝箱。

huáng jīn kuàng cáng　wèi le bù yǐn qǐ ā pà
黄金矿藏。为了不引起阿帕

qí rén de zhù yì　tā men qiāo qiāo de jìn rù
奇人的注意，他们悄悄地进入

mí xìn shān kāi cǎi huáng jīn kuàng cáng　bìng bǎ
迷信山开采黄金矿藏，并把

jīn zi mó chéng fěn mò zhuāng zài dài zi li
金子磨成粉末装在袋子里，

rán hòu yòng lǘ yùn chu lai
然后用驴运出来。

dàn shì tā men de xíng dòng hái shi bèi ā pà qí rén fā xiàn le　cóng
但是他们的行动还是被阿帕奇人发现了，从

nián kāi shǐ　ā pà qí rén kāi shǐ xí jī pèi lā ěr tǎ jiā zú de tàn
1849年开始，阿帕奇人开始袭击佩拉尔塔家族的探

xiǎn duì
险队。

科罗拉多大峡谷被联合国教科文组织列为受保护的天然遗产之一。

长 时间以来，陆续有人进入迷信山寻找宝藏，虽然不断有人死去，但仍无法阻止探险者贪婪的心，因此，贪婪的寻金者、诡秘的枪 声 、离奇的死亡、剧毒的响尾蛇和荒野中呼啸的风构成了令人向 往却又阴森恐怖的迷信山金矿。

▲ 黄金向来受到帝王的喜爱，亦是财富的象征。

响尾蛇 ❓

响尾蛇是一种管牙类毒蛇，体呈黄绿色，背部具有菱形黑褐斑，尾部末端有一串角质环，是多次蜕皮后的残存物，当遇到敌人或急剧活动时，会迅速摆动尾部的尾环，使其发出响亮的声音，致使敌人不敢近前，或被吓跑。

"圣荷西"号沉船的珍宝

● ● ● ● AOMI TIANXIA

1708 年 5 月 28 日，西班牙人驾驶着"圣荷西"号正在返回西班牙的途中。这艘船上有他们在南美殖民地搜刮的巨额财富，价值约10亿英镑。

平安航行了几天以后，"圣荷西"号遇到了英国舰队，被炮火打沉。所有

"圣荷西"号的结局

1983年，哥伦比亚将"圣荷西"号沉船据为己有。

殖民活动

西班牙人对殖民地的搜刮始终没有停止。

海盗所为

这些在殖民地进行的抢劫活动多是海盗所为。

chuán yuán yǐ jí mǎn chuán de jīn yín cái bǎo quán bù chén rù le máng máng
船 员 以 及 满 船 的 金 银 财 宝 全 部 沉 入 了 茫 茫

dà hǎi
大 海。

chén chuán de wèi zhì dà yuē zài jiā lè bǐ hǎi　　mǐ shēn de hǎi dǐ
沉 船 的 位 置 大 约 在 加 勒 比 海225米 深 的 海 底。

dāng rén men dé zhī shèng hé xī hào yuán lái shì yì sōu yùn bǎo chuán shí
当 人 们 得 知 "圣 荷 西" 号 原 来 是 一 艘 运 宝 船 时，

xún bǎo de rén biàn fēng yōng ér zhì dàn shì tā men què yì wú suǒ huò xiàn
寻 宝 的 人 便 蜂 拥 而 至，但 是 他 们 却 一 无 所 获。现

zài shèng hé xī hào chuán shang de bǎo zàng réng chén shuì zài hǎi dǐ
在，"圣 荷 西" 号 船 上 的 宝 藏 仍 沉 睡 在 海 底。

▲ 黄金宝藏勾起了海盗们贪婪的欲望。

橡树岛宝藏

● ● ● ● AOMI TIANXIA

jiā ná dà dōng hǎi àn de xiàng shù dǎo yīn wèi yǒu yì kē gǔ lǎo de lǎo xiàng
加拿大东海岸的橡树岛因为有一棵古老的老橡

shù ér dé míng jiù shì zhè yàng yí zuò bù qǐ yǎn de hǎi dǎo chuán shuō mái cáng
树而得名。就是这样一座不起眼的海岛，传说埋藏

zhe   shì jì chū qī yí gè hǎi dào de bǎo zàng dāng shí yǒu yí gè jiào zuò wēi lián
着18世纪初期一个海盗的宝藏。当时有一个叫做威廉·

jī dé de hǎi dào bèi bǔ bìng bèi chǔ yǐ sǐ xíng tā xiǎng yǐ tā de bǎo zàng huàn
基德的海盗被捕并被处以死刑，他想以他的宝藏换

yì tiáo shēng lù dàn shì zhí fǎ guān bù xiāng xìn tā zài shì jì zhī mò xiàng shù
一条生路，但是执法官不相信他。在世纪之末，橡树

dǎo bǎo zàng de mì mì xī yǐn le wú shù de rén bù yuǎn qiān lǐ lái dào zhè lǐ
岛宝藏的秘密吸引了无数的人不远千里来到这里。

丹·布莱克希普已过耄耋之年，他用了40年的时间在橡树岛上寻找宝藏。

▲ 橡树岛的宝藏吸引了众多的寻宝者。

当他终于找到了宝藏的确切位置时，加拿大政府却忽然停止向他核发"寻宝执照"。他的寻宝之事不得不告一段落。橡树岛探宝之路迂回曲折，至今，宝藏还沉睡于地下，等待着后人进一步发现。

▼ 高空中拍摄的橡树岛。

神秘的 海底宝藏

AOMI TIANXIA

xiāng chuán　āi lì kǎi de rén men wèi shì fèng
相 传 ，埃利凯的人们为侍奉

hǎi shén bō sài dōng ér jiàn zào le hóng wěi de dà shén
海神波塞冬而建造了宏伟的大神

diàn　dàn zhī hòu suí zháo yà jiā yà rén de rù qīn
殿 。但之后随着亚加亚人的入侵，

bō sài dōng dà shén diàn zāo dào huǐ miè　yú shì　fèn
波塞冬大神殿遭到毁灭。于是，愤

nù de bō sài dōng fā dòng hǎi xiào jiāng āi lì kǎi shùn jiān yān mò　zhǐ yǒu bō
怒的波塞冬发动海啸将埃利凯瞬间淹没，只有波

sài dōng dà tóng xiàng yī rán yì lì
塞冬大铜像依然屹立。

shàng shù suǒ shuō yě xǔ zhǐ shì
上 述所说也许只是

shén huà　dàn gēn jù yà lǐ shì duō dé
神话，但根据亚里士多德

标志

　　海神波塞冬经常手持三叉戟，这已成为了他的标志。

46

的记述，埃利
凯确实存在过。

1870 年，人们根据测定
得知，由于地震，埃利凯被肯林
特湾周围的河流带入的泥沙覆
盖了。

1970 年，有人发现了哈利埃

▲ 沉没在海底的城市。

伊斯遗迹，使海底城市和阿波罗神殿的局部得到确
认；1973 年，又有人发现了类似波塞冬神殿的遗迹。

其实沉入海底的城市不仅仅只是埃利凯，还有以<ruby>推<rt>tuī</rt></ruby><ruby>罗<rt>luó</rt></ruby><ruby>为<rt>wéi</rt></ruby><ruby>代<rt>dài</rt></ruby><ruby>表<rt>biǎo</rt></ruby><ruby>的<rt>de</rt></ruby><ruby>其<rt>qí</rt></ruby><ruby>他<rt>tā</rt></ruby><ruby>城<rt>chéng</rt></ruby><ruby>市<rt>shì</rt></ruby>。

<ruby>自<rt>zì</rt></ruby>1935<ruby>年<rt>nián</rt></ruby><ruby>开<rt>kāi</rt></ruby><ruby>始<rt>shǐ</rt></ruby>，<ruby>人<rt>rén</rt></ruby><ruby>们<rt>men</rt></ruby><ruby>确<rt>què</rt></ruby><ruby>认<rt>rèn</rt></ruby><ruby>了<rt>le</rt></ruby><ruby>推<rt>tuī</rt></ruby>

<ruby>罗<rt>luó</rt></ruby><ruby>港<rt>gǎng</rt></ruby><ruby>口<rt>kǒu</rt></ruby><ruby>遗<rt>yí</rt></ruby><ruby>址<rt>zhǐ</rt></ruby>，<ruby>还<rt>hái</rt></ruby><ruby>发<rt>fā</rt></ruby><ruby>现<rt>xiàn</rt></ruby><ruby>了<rt>le</rt></ruby><ruby>腓<rt>féi</rt></ruby><ruby>尼<rt>ní</rt></ruby>

<ruby>基<rt>jī</rt></ruby><ruby>的<rt>de</rt></ruby><ruby>一<rt>yí</rt></ruby><ruby>处<rt>chù</rt></ruby><ruby>重<rt>zhòng</rt></ruby><ruby>要<rt>yào</rt></ruby><ruby>港<rt>gǎng</rt></ruby><ruby>址<rt>zhǐ</rt></ruby>。

<ruby>由<rt>yóu</rt></ruby><ruby>此<rt>cǐ</rt></ruby><ruby>看<rt>kàn</rt></ruby><ruby>来<rt>lái</rt></ruby>，<ruby>海<rt>hǎi</rt></ruby><ruby>底<rt>dǐ</rt></ruby><ruby>还<rt>hái</rt></ruby><ruby>有<rt>yǒu</rt></ruby><ruby>许<rt>xǔ</rt></ruby><ruby>多<rt>duō</rt></ruby><ruby>我<rt>wǒ</rt></ruby><ruby>们<rt>men</rt></ruby><ruby>尚<rt>shàng</rt></ruby><ruby>未<rt>wèi</rt></ruby><ruby>探<rt>tàn</rt></ruby><ruby>测<rt>cè</rt></ruby><ruby>到<rt>dào</rt></ruby><ruby>的<rt>de</rt></ruby><ruby>宝<rt>bǎo</rt></ruby>

<ruby>藏<rt>zàng</rt></ruby><ruby>和<rt>hé</rt></ruby><ruby>其<rt>qí</rt></ruby><ruby>他<rt>tā</rt></ruby><ruby>更<rt>gèng</rt></ruby><ruby>有<rt>yǒu</rt></ruby><ruby>价<rt>jià</rt></ruby><ruby>值<rt>zhí</rt></ruby><ruby>的<rt>de</rt></ruby><ruby>东<rt>dōng</rt></ruby><ruby>西<rt>xi</rt></ruby>。

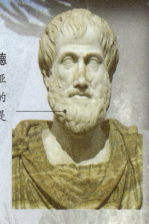

亚里士多德

看来，亚里士多德的记载并不是空穴来风。

▲ 阿波罗神殿遗址

波塞冬 ?

海神波塞冬是希腊神话中的主神之一。在希腊神话中，波塞冬是天神宙斯的哥哥，地位仅次于宙斯。他掌管着海洋，拥有强大的法力，海员和渔民们都对他极为崇拜。海豚是象征他的圣兽。

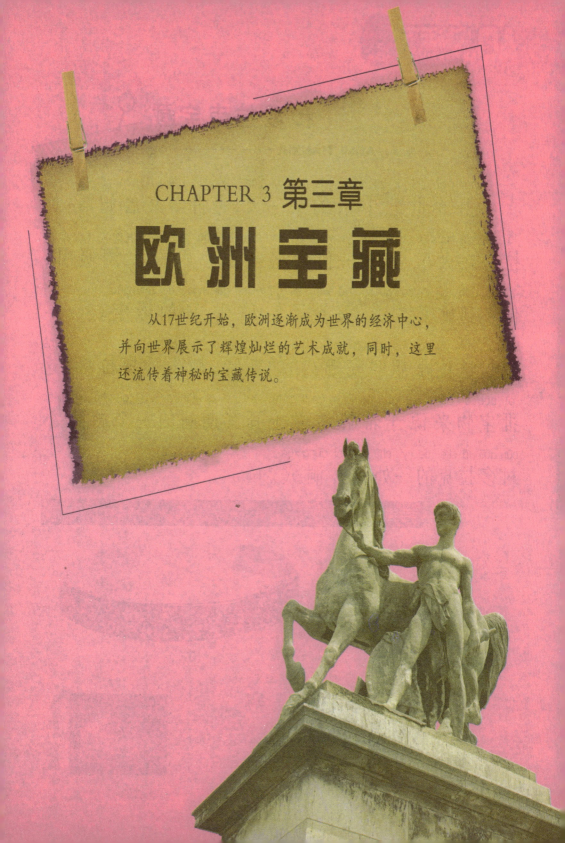

CHAPTER 3 第三章

欧洲宝藏

从17世纪开始，欧洲逐渐成为世界的经济中心，并向世界展示了辉煌灿烂的艺术成就，同时，这里还流传着神秘的宝藏传说。

安娜和多拉克宝藏

AOMI TIANXIA

shàng gè shì jì zhōng yè de mǒu yì tiān kǎo gǔ xué jiā zhān mǔ sī méi
上个世纪中叶的某一天,考古学家詹姆斯·梅

lā tè zài huǒ chē shang bèi yí wèi nián qīng měi lì xiǎo jiě de shǒu zhuó xī yǐn
拉特在火车上被一位年轻美丽小姐的手镯吸引,

tā lái dào tā jiā cān guān fā xiàn le gè zhǒng guì zhòng de zhēn bǎo
他来到她家参观,发现了各种贵重的珍宝。

zhè wèi xiǎo jiě jiào ān nà pà pà sī tè tā gào su méi lā tè zhè
这位小姐叫安娜·帕帕斯特,她告诉梅拉特,这

pī bǎo wù lái yuán yú xī là zhàn lǐng tǔ ěr qí qī jiān de yí gè hú biān xiǎo
批宝物来源于希腊占领土耳其期间的一个湖边小

cūn duō lā kè de yí chù mì mì dòng xué
村多拉克的一处秘密洞穴。

手镯与宝藏

一副小小的手镯背后竟然隐藏着一批巨额的珍宝。但是宝藏真的存在吗?它又被隐藏在何处呢?

山洞

山洞是隐藏宝藏的最好地点。

古城

梅拉特认为,埋藏宝藏的山洞是一个古城。

méi lā tè xiàng shàng si huì bào le zhè xiē qíng kuàng　dàn hòu lái gēn jù
梅拉特向 上司汇报了这些情 况，但后来根据

diào chá　ān nà de zì shēn qíng kuàng dōu shì jiǎ de　rén men kāi shǐ huái yí méi
调查，安娜的自身情况 都是假的，人们开始怀疑梅

lā tè
拉特。

nián　yuè　méi lā tè de fā xiàn bèi gōng kāi　zhì yí de shēng
1959 年 11 月，梅拉特的发现被公开，质疑的声

yīn cóng gè chù chuán lái　méi lā tè xiàn rù le wú jìn de kǒu shé zhī zhàn
音从各处传来，梅拉特陷入了无尽的口舌之战

zhōng　ér ān nà hé zhēn bǎo dōu bù zhī qù xiàng
中，而安娜和珍宝都不知去向。

xiàn zài　guān yú méi lā tè de gè zhǒng chuán wén hé yáo yán hái méi
现在，关于梅拉特的各 种 传闻和谣言还没

yǒu tíng zhǐ
有停止。

考古学家

考古学家是一些专门从事考古挖掘活动、研究地层或研究古代历史文化的专家。他们以考古学的知识为基础，以此来对研究对象作出判断。他们为了解人类的起源以及地球的发展状况等方面作出了大量的贡献。

发现

据梅拉特所说，这批宝藏可与图坦卡蒙墓的发现相提并论。

宝城

任何一个考古学家都会对宝物"垂涎三尺"。

▲ 印有亚历山大大帝头像的钱币。

亚历山大 的钱币

AOMI TIANXIA

mǎ qí dùn huáng dì yà lì shān dà dà biǎo xiàn zì jǐ de fēng gōng wěi
马其顿皇帝亚历山大为表现自己的丰功伟

jì zhù zào le dà liàng de jīn yín bì tā yǔ shì cháng cí hòu zhè bǐ cái fù
绩，铸造了大量的金银币。他与世长辞后，这笔财富

jìng rán shén mì de xiāo shī le
竟然神秘地消失了。

liǎng qiān duō nián lái yà lì shān dà de qián bì yì zhí zài ā fù hàn
两千多年来，亚历山大的钱币一直在阿富汗

shān qū chén shuì nián zài yí gè bù
山区沉睡。1879年，在一个不

zhī míng de xiǎo zhèn shang sān gè shāng rén
知名的小镇上，三个商人

zài guàng jiē shí fā xiàn yì méi míng kè zhe zhù
在逛街时发现一枚铭刻着铸

zào nián dài de yín bì yín bì bèi miàn shì yì
造年代的银币，银币背面是一

▲ 沉睡在地下的亚历山大金币
能否被找到至今还是个谜。

名希腊骑士与两名骑在战象上的印度武士在激战；正面是手持闪电标枪的亚历山大大帝形象。商人将其买了下来，几经周折，这枚银币最后由大英博物馆珍藏，被世人冠名为"色鲁斯银币"。

▼ 亚历山大大帝雕像。

此后，亚历山大的钱币不断出现。直到今天，亚历山大铸造的金币只有一部分惊现于世，还有一部分在地下沉睡。

"红色处女军" 珍宝之谜

pǔ lā sī dá shì gōng yuán　 shì jì chū jié kè
普拉斯妲是公元9世纪初捷克

de nǚ wáng lì bù shī de huáng jiā wèi duì duì zhǎng
的女王丽布施的皇家卫队队长。

nǚ wáng sǐ hòu　 pǔ lā sī dá dài lǐng wèi duì nǚ bīng
女王死后,普拉斯妲带领卫队女兵

zài wéi duō fū lái shān qū jiē gān ér qǐ　 dú lì chēng
在维多夫莱山区揭竿而起,独立称

wáng　　 yīn wèi tā tǒng lǐng de
王。因为她统领的

zhè zhī wèi duì quán dōu shì
这支卫队全都是

▲ 手持洋枪的女海盗。

shàng wèi jié hūn de nián qīng nǚ zǐ　 yīn cǐ bèi
尚未结婚的年轻女子,因此被

chēng wéi　　 hóng sè chǔ nǚ jūn
称为"红色处女军"。

pǔ lā sī dá shuài lǐng hóng sè chǔ nǚ jūn sì
普拉斯妲率领红色处女军四

chù dǎ jiā jié shè　 jī lěi le dà liàng cái fù　 zài
处打家劫舍,积累了大量财富。在

jié kè pǔ rè měi sī gōng jué qīn shuài dà jūn lái wéi
捷克普热美斯公爵亲率大军来围

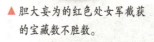

剿时，她将宝藏
藏了起来。战后，
普热美斯公爵虽然取
得了胜利，但并没有得
到"红色处女军"的宝藏。
在普热美斯王朝统治的几百
年间，人们没有忘记普拉斯妲和

▲ 胆大妄为的红色处女军截获的宝藏数不胜数。

她的财宝。有人不断在当年她们活动的地区挖掘，

试图找到珍宝，但始终没有找
到。普拉斯妲的宝藏藏在何处
至今仍是个谜。

爱尔兰 丹漠洞遗址的馈赠

AOMI TIANXIA

生活在欧洲北部斯堪的纳维亚半岛上的挪威海盗在公元928年袭击了爱尔兰的基

▲ 海盗的标志——海盗帽。

尔肯尼。当地居民为躲避海盗的袭击，带着家中物品躲进了附近的丹漠洞。

海盗发现丹漠洞后将村民全部杀害。这次恐怖的事件使得此后一千余年中从未有人踏入洞中半步。

1940年，考古学家来到基尔肯尼，偶然间听说了丹漠洞的传

残暴的海盗

海盗的暴虐给我们留下的不只是惋惜，还有数不尽的珍宝。

说。于是他们决定驻扎在此进行考察。1973年，爱尔兰政府将丹漠洞作为国家博物馆，向公众开放。

1999年，博物馆的一名馆员偶然间发现了一个精致的银镯子。后来，人们将丹漠洞里的宝藏全部找到。这些宝藏至今仍收藏在爱尔兰国家博物馆中。

挪威海盗

挪威海盗被人们称为"Northman"，意思是"北方来客"，同样也意味着掠夺。传说中他们头顶的头盔带着野兽的犄角，蓬头垢面，满脸胡须，却从不修剪，就连盛酒用的碗都是用人的头盖骨制成的。

"圣殿骑士团" 宝藏之谜

○○○· AOMI TIANXIA

1096年，圣城耶路撒冷被十字军攻占后，很多欧洲人前来朝圣，但在途中多被屠杀，为了保护这些朝圣者，"圣殿骑士团"成立了。

圣殿骑士团成立后，朝圣者捐赠和骑士们搜刮来的财宝富可敌国。

圣殿骑士团总团长德·莫莱被烧死

圣殿骑士团
　　圣殿骑士团有三大规定：守贞、守贫、服从。

hòu wèi dǎ xiāo qí tā guó jiā duì bǎo zàng de jì yú
后，为打消其他国家对宝藏的觊觎，

qí zhí zi jiāng bǎo zàng tōu tōu zhuāng jìn le tā de
其侄子将宝藏偷偷装进了他的

guān cai zhōng cáng zài mì mì de dì fang zhǐ liú xià
棺材中，藏在秘密的地方，只留下

▲ 骑士们冲锋陷阵的场景。

le yì xiē shén mì de fú hào àn shì zhe cáng bǎo de dì diǎn
了一些神秘的符号暗示着藏宝的地点。

yì zhí yǐ lái wú shù rén jiǎo jìn nǎo zhī qǐ tú pò jiě zhè xiē shén mì
一直以来，无数人绞尽脑汁企图破解这些神秘

de fú hào dàn zhōng jiū zhǐ shì tú láo
的符号，但终究只是徒劳。

骑士
手拿长枪的骑士。

zhè xiē shén mì
这些神秘

de fú hào dào dǐ yì wèi
的符号到底意味

zhe shén me bǎo zàng jiū
着什么？宝藏究

jìng zài nǎr dá àn
竟在哪儿？答案

yě xǔ zhǐ yǒu sǐ qù de
也许只有死去的

shèng diàn qí shì tuán de
圣殿骑士团的

chéng yuán zhī dao
成员知道……

伊凡雷帝 与他的地下藏书

●●●● AOMI TIANXIA

伊凡雷帝是俄罗斯历史上第一位沙皇。他的祖母是东罗马皇帝的侄女,在出嫁时将东罗马帝国珍藏的书籍作为自己的陪嫁品带到了俄罗斯。他的祖父伊凡

▲ 伊凡雷帝在向众人展示他收藏的珍宝。

三世非常珍视这些书籍,请了马克西姆·克里柯专门负责整理这些珍品书籍。不久,马克西姆·克里柯

被教团除名,悲惨地死在民间,而藏书的地点就再也没人知道了。

几个世纪以来,人们一直在关注着这些藏书。苏联时期,传说古籍藏在克里姆林宫地下二层某处;2005年,传出了工人们在修葺克林姆林宫时发现了墙体内存在秘密走廊和楼梯的说法。但是这些说法传出后,因为都没什么下文,所以很快就被人们淡忘了。

▲ 伊凡大帝钟楼。

消失的"黄金船队"

●●●●● **AOMI TIANXIA**

▲ 几百年来，沉入海底的宝藏不计其数。

suǒ wèi de huáng jīn chuán duì shì zhǐ lì
所谓的"黄金船队"是指隶

shǔ yú xī bān yá wáng guó de yì zhī yóu sōu dà
属于西班牙王国的一支由17艘大

fān chuán zǔ chéng de yùn bǎo chuán duì
帆船组成的运宝船队。1702

nián zhè zhī chuán duì jiē dào xī bān yá guó wáng de mìng lìng zài zhe cóng měi zhōu
年,这支船队接到西班牙国王的命令载着从美洲

lüè duó de bǎo zàng huí dào xī bān yá zài tú zhōng tā
掠夺的宝藏回到西班牙。在途中,他

men zāo dào le yīng hé lián hé jiàn duì de xí jī
们遭到了英荷联合舰队的袭击。

在紧急时刻，一部分宝藏被改从陆地运走（这些黄金也没有顺利运回国内）；另一部分则葬身海底。

从那以后，陆续有人来维哥湾寻宝。其中，一家美国探宝公司在2007年成功地从大西洋底

▲ 打捞上来的宝藏与"黄金船队"的宝藏相比只是九牛一毛。

打捞出一艘古船，大约50万枚金银币被他们收入囊中。而西班牙方面则极力阻止美国人继续寻宝，这使人们认为宝藏也许真的存在吧。

寻找 琥珀屋

AOMI TIANXIA

hǔ pò wū shì pǔ lǔ shì guó wáng féi tè liè yī shì suǒ jiàn　　　nián
琥珀屋是普鲁士国王腓特烈一世所建，1716年

bèi zèng sòng gěi é guó de bǐ dé dà dì　hǔ pò wū miàn jī yuē　píng fāng
被赠送给俄国的彼得大帝。琥珀屋面积约55平方

mǐ　yōng yǒu　kuài bì xiāng bǎn hé　gè zhù jiǎo　tóng shí yǐ zuàn shí　bǎo
米，拥有12块壁镶板和12个柱脚，同时以钻石、宝

shí hé yín bó xiāng qiàn　hòu rén chēng zhī wéi　shì jiè dì bā dà qí jì
石和银箔镶嵌。后人称之为"世界第八大奇迹"。

zài bèi é guó shōu
在被俄国收

cáng le liǎng gè shì jì zhī
藏了两个世纪之

hòu　hǔ pò wū zài èr zhàn
后，琥珀屋在二战

qī jiān bèi dé guó yùn dào
期间被德国运到

彼得大帝

彼得大帝死后，琥珀屋暂时被人们遗忘。

琥珀屋的下落

　　多年来，许多人一直在寻找琥珀屋，但却一直不知所踪。

gē ní sī bǎo zài　　　　nián sū lián hóng jūn gōng dǎ gē ní sī bǎo qián　hǔ pò
哥尼斯堡。在1945年苏联红军攻打哥尼斯堡前，琥珀

wū bù zhī suǒ zōng
屋不知所踪。

　　yǒu rén shuō　　nà cuì dé jūn jiāng hǔ pò wū chāi kāi hòu chén rù le ào
　　有人说，纳粹德军将琥珀屋拆开后沉入了奥

dì lì de yí gè hú dǐ　　yě yǒu rén shuō　　nà cuì dé guó hěn kě néng jiāng hǔ
地利的一个湖底；也有人说，纳粹德国很可能将琥

pò wū liú zài gē ní sī bǎo　　hái yǒu rén shuō hǔ pò wū kě néng yǐ jīng huǐ yú
珀屋留在哥尼斯堡；还有人说琥珀屋可能已经毁于

èr zhàn
二战。

　　　　　　　　　　yú shì　　sū lián kāi shǐ le hǔ pò
　　　　　　　　　　于是，苏联开始了琥珀

wū chóng jiàn gōng chéng　　　　　nián hǔ
屋重建工程。2003年，琥

▶ 纳粹徽章。

pò wū chóng jiàn chéng gōng
珀屋重建成功。

羊皮纸 上的藏宝图

AOMI TIANXIA

17世纪，印度洋上有一位海盗头子叫拉布斯，因为他长着一双像鹰一样锐利的眼睛，因此绰号为"隼鹰"，他和英国海盗联手抢劫印度洋过往船只，积累了大量财富。

拉布斯被捕后被判死刑。在临死前，他扔出一卷羊皮纸向人群高喊："去找我的财宝吧，凭借这些羊皮纸！"

这张 羊皮纸就是一 张 寻宝图，17排神秘图样

内蕴藏着世人难辨的密码，这些晦涩的密码源于希

腊文化中的隐喻，一时间无人能懂。

从拉布斯死后开始，世界各地的聪明人从没

有间断过对羊皮纸密码的破解和对这

批财宝的探寻，但都是无果而终。现

在，那张 羊皮纸仍然静静地躺在法国

国家图书馆中。

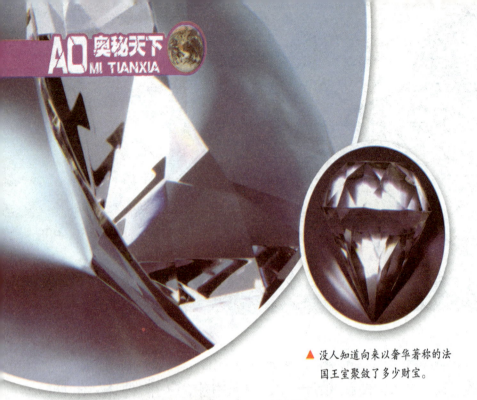

▲ 没人知道向来以奢华著称的法国王室聚敛了多少财宝。

法国王冠 钻石失窃之谜
AOMI TIANXIA

1789～1792年是法国资产阶级大革命时期，法国国王路易十六被赶下台，法国处于内忧外患的局势中，人们开始无暇顾及法国王室的大量珍宝。

1792年9月17日，当权的吉伦特派的内务大臣罗兰宣布王室珍宝被盗。盗窃案发生后，身为政

虽然法国王室心有不甘,但失落的财宝是难以找回的。

敌的罗兰和丹东二人互相指控对方应该负责。之后,三名盗匪陆续被捕,钻石也被部分找回。

1792年9月,在拿破仑的指挥下瓦尔密战役取得了胜利。然而,有人怀疑,瓦尔密战役正是法国政府用被盗的钻石贿赂敌方的结果,国防大臣丹东是盗窃案的幕后主谋。但至今真相还未查明。

▲ 遗留下来的古希腊建筑。

无法想象的希腊雕像

● ● ● ● · **AOMI TIANXIA**

nián kǎo gǔ xué jiā zài yì dà lì xī bù hǎi àn dǎ lāo chū yì zūn
1832年，考古学家在意大利西部海岸打捞出一尊

gǔ dài diāo xiàng jīng jiàn dìng cǐ diāo xiàng wéi gōng yuán qián shì jì zhì zuò
古代雕像，经鉴定，此雕像为公元前5世纪制作

de pí áng bǐ nuò de ā bō luó qīng tóng xiàng tā de zhù zào fāng shì shǔ yú
的"皮昂比诺的阿波罗"青铜像，它的铸造方式属于

xiàn cún là mó zhù zào zhōng zuì wéi yuán shǐ de yí lì jù yǒu diǎn xíng de gǔ
现存蜡模铸造中最为原始的一例，具有典型的古

xī là yì shù fēng gé zhè zūn diāo xiàng xiàn cún yú bā lí lú fú gōng de měi
希腊艺术风格。这尊雕像现存于巴黎卢浮宫的美

▲ 雕塑《阿波罗与达芙妮》。

术馆，它已成为了那里最富盛名的陈列品之一。

1928年，考古学家又打捞出了一尊海神"波塞冬"的青铜像。这尊雕像是十分珍贵的，因为波塞冬是希腊神话中十二主神之一。据了解，这尊雕像大约制作于公元前5世纪前后，是早期的三尊铜像中仅存两尊之一。公元前5世纪的青铜制品在整个古典时期达到了极为先进的水平。海神"波塞冬"像就是这一时期的代表作。

zhè xiē cóng hǎi dǐ dǎ lāo chu lai de diāo xiàng
这些从海底打捞出来的雕像
duì yú yán jiū gǔ xī là de lì shǐ hé wén huà yǒu zhe
对于研究古希腊的历史和文化有着
zhòng yào de zuò yòng　jià zhí lián chéng de tā men yě
重要的作用，价值连城的它们也
yǐn lái le wú shù rén de chuí xián zhù shì
引来了无数人的垂涎注视。

▲ 古希腊雕塑讲究理想化手法
与写实作风相结合。

力量的表现

虽然很多出土的雕像已残缺，但仍可以感受到雕塑所要表现的人物内在的力量。

沉睡在 水下古城中的神秘宝藏
AOMI TIANXIA

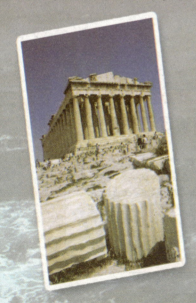

因为城市被水吞没而被埋藏在海洋深处的宝藏，一直是人们渴望探索的奥秘。

世界上沉睡在水中的古城有很多，比如：因遭遇地震而被大海眨眼间吞没的古希腊的埃利凯，多年泥沙的堆积及地壳变迁使得这座规模庞大的海底

▲ 地中海是世界上最古老的海。

chéng shì zài　　cái bèi zuì zhōng què rèn
城市在1970才被最终确认；

tuī luó céng shì dì zhōng hǎi yán àn zuì fán róng
推罗曾是地中海沿岸最繁荣

de gǎng kǒu chéng shì hé dōng xī fāng wén huà
的港口城市和东西方文化

de jiāo liú dì　　　　nián　　rén men zài hǎi
的交流地，1935年，人们在海

dǐ zhǎo dào tā de yí zhǐ　　ā bō luó ní yà
底找到它的遗址；阿波罗尼亚

gǎng shì zuì gǔ lǎo de xī là hǎi dǐ chéng　　tā céng shì gǔ xī là zuì dà de
港是最古老的希腊海底城，它曾是古希腊最大的

zhí mín dì zhī yī　　wèi yú lì bǐ yà bān jiā xī běi　　qiān mǐ de dōng bù
殖民地之一，位于利比亚班加西北200千米的东部

hǎi àn
海岸。

chú le zhè xiē　　shì jiè shang
除了这些，世界上

hái yǒu xǔ duō wèi zhī de hǎi xià
还有许多未知的海下

chéng shì hé bǎo zàng zài děng dài rén
城市和宝藏在等待人

men qù wā jué
们去挖掘。

阿波罗尼亚港 ?

史料记载，阿波罗尼亚港于公元前631年建成，在公元前90年左右成为罗马统治下的北非粮食的重要输出港，在罗马时期发挥过重要的作用。海下的阿波罗尼亚港有着极为复杂的港湾设施，港口规模很大，分为内、外两港。

CHAPTER 4 第四章

亚洲宝藏

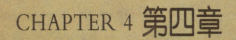

地球上面积最大的一个洲便是亚洲，在这片广阔的土地上有着无数的自然奇迹存在着，但更吸引我们的是那些还不曾知道的前人创造的文化和财富，它们是什么样子的，又身在何处呢？

青铜时代的班清宝藏

AOMI TIANXIA

班清是泰国呵叻高原上的一个小镇，并且直到40年前，这里还是一个默默无闻的小镇，很少有人知道它。

1974年，在联合国的资助下，由泰国艺术厅和美国宾夕法尼亚大学博物馆共同主持的班清宝藏考古发掘活动正式开始了。考古学家们先后找到了六

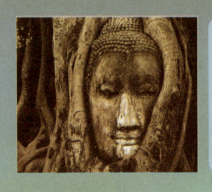

个分期明确的考古地层，而最底下的一层也就是最古老的一层，经过鉴定，可以确信无疑地追溯到公元前3600年！

　　因此有人认为，班清才是世界青铜文化的源头，人类的文明并不是只有那么几个公认的源头，很多不知名的地方可能就产生过最古老的文明薪火。

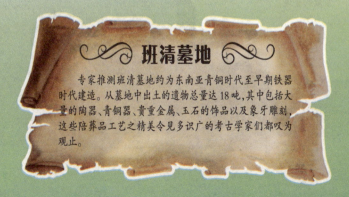

班清墓地

　　专家推测班清墓地约为东南亚青铜时代至早期铁器时代建造。从墓地中出土的遗物总量达18吨，其中包括大量的陶器、青铜器、贵重金属、玉石的饰品以及象牙雕刻，这些陪葬品工艺之精美令见多识广的考古学家们都叹为观止。

"所罗门财宝" 与 "黄金约柜"

●●●● **AOMI TIANXIA**

约柜是一个由黄金打造的柜子，里面装着以色列最为重要的宗教圣典——上帝耶和华的圣谕，这是犹太人最为珍贵的圣物。所罗门成为以色列王国的国王后，在耶路撒冷修建了一座专门用于安放黄金约柜的犹太教圣殿。

"和平之城"

　　耶路撒冷的意思为"和平之城"，被誉为三大宗教的圣城。

圣殿非常宏伟，造型也很优美。所罗门将黄金约柜供奉在这里，并将自己收集的各种珍宝存放其中，只有犹太教的祭司长每年可以有一次机会进入圣殿。

所罗门王死后，统一的国家遭到了分裂的厄运，并很快遭到了巴比伦王国的围攻。野蛮的巴比伦人将耶路撒冷围困了

三年之后进入了城内。进城的将士们烧毁了犹太国的王宫和宏伟的圣殿，所罗门收集的宝藏被巴比伦人掠走，而犹太人也成了"巴比伦之囚"，犹太教的圣物"黄金约柜"也从此失去了踪影。

有人认为，黄金约柜和所罗门收集到的宝藏

示巴女王拜访

图为表现示巴女王访问所罗门王的壁画。

▲ 据说,示巴女王因所罗门宫室的华美与所罗门智慧的问答而"诧异得神不守舍"。

bìng méi yǒu shī zōng　ér shì cáng zài suǒ luó mén zhī
并没有失踪,而是藏在所罗门之

fù dà wèi wáng zài gōng dǎ yē lù sā lěng shí ǒu
父大卫王在攻打耶路撒冷时偶

rán fā xiàn de shén mì tōng dào zhōng
然发现的神秘通道中。

cǐ hòu de liǎng qiān duō nián jiān　wú shù de
此后的两千多年间,无数的

rén huái zhe gè zhǒng gè yàng de mù de kāi shǐ le
人怀着各种各样的目的开始了

duì huáng jīn yuē guì hé suǒ luó mén bǎo zàng de xún
对黄金约柜和所罗门宝藏的寻

zhǎo　dàn shì cóng lái méi yǒu rén xuān chēng tā zhǎo dào le bǎo zàng
找,但是从来没有人宣称他找到了宝藏。

死海古卷

●●●● AOMI TIANXIA

▲ 印有《圣经》内容的古卷。

1947年，一个少年牧羊人的一头羊钻进了死海附近的洞穴里，为了找出羊，牧童往洞穴里投掷石头，结果打破了洞穴中的瓦罐而发现了古经卷，此后十年，人们在附近的11座洞穴中挖掘出了装有古卷的瓦罐，共有约四万个书卷或书卷残篇。

▼ 纸莎草纸画是世界上最古老的纸画。

▼ 是谁将这些古卷藏在瓦罐中的呢？

死海古卷上抄写的文字以希伯来文为主，其大部分内容是旧约圣经经卷，其中还包括一些圣经注释、圣经评论及解经书等等，古卷主要是羊皮纸，部分是纸莎草纸。

▼ 纸莎草纸是由一种叫做纸莎草的绿色植物制成。

这些被称为20世纪最重大考古学发现的死海古卷文字量巨大，整理这些文字需要耗费的人力无法估计，至今，我们仍不知道死海古卷的作者是谁，又是用了多久才将其完成的。

新婚之夜 暴死的匈奴王和他的遗产
AOMI TIANXIA

gōng yuán nián lǎo xiōng nú wáng sǐ
公元434年，老匈奴王死

hòu ā tí lā shā sǐ le lǎo guó wáng de ér
后，阿提拉杀死了老国王的儿

zi yě shì zì jǐ de táng xiōng chéng wéi dú
子（也是自己的堂兄）成为独

zhǎng dà quán de dú cái zhě cóng cǐ xiōng
掌大权的独裁者，从此，匈

▲ 欧洲人称阿提拉为"上帝之鞭"。

nú dì guó de quán shì hé cái fù jìn luò rù ā tí lā yì rén zhī shǒu tā
奴帝国的权势和财富尽落入阿提拉一人之手，他

chéng le chuán shuō zhōng ōu zhōu zuì fù yǒu de rén ā tí lā měi nián tōng guò
成了传说中欧洲最富有的人。阿提拉每年通过

伟大的执政者

阿提拉被赞为匈奴历史上最伟大的执政者，是他一手将匈奴帝国推向了全盛的境界。

84

战争征缴的贡物不计其数，因此关于他聚敛财宝的传闻颇多。

公元453年，在他迎娶新娘后的第二天清晨，人们却发现他因动脉破裂而暴死在洞房中。群龙无首的混乱状态下，人们既没有找到凶手也没有过多地关注国王蹊跷的死亡，阿提拉就这样很快被草草地掩埋掉了。

当人们想到那些阿提拉掠夺来的财宝并开始寻找时，阿提拉的遗宝却消失不见了。

"马来之虎" 藏宝寻踪

AOMI TIANXIA

二战期间，绰号"马来之虎"的日本东南亚战区司令山下奉文大将为讨好日本天皇，不遗余力地搜刮东南亚人民，聚敛了巨额的财宝。

可是还没等他将这些宝物运回日本，太平洋战场的形势就开始逆转，自知好景不长的山下奉文将那些宝物藏匿了起来并将藏宝图分为若

干份交给亲信秘密带回日本，这一切结束后，他走上了盟军的绞刑架。随后，"马来之虎"藏宝图的下落便成为一大谜案。

相传，菲律宾前总统马科斯探得了"马来之虎"所藏之宝，但并没有确凿证据。"马来之虎"的宝藏依然不知所踪。

宝藏传言

关于"马来之虎"宝藏的传言不断，人们一直在寻找它。

发现金佛

1970年，有人在菲律宾的一座山中发现了一个空心的金佛，里面藏有无数钻石珠宝。

藏金地

很多菲律宾人怀疑圣地亚哥就是"马来之虎"的藏金地。

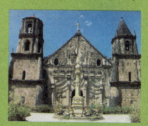

神秘的 汉朝楚王陵

● ● ● ● AOMI TIANXIA

xī hàn jiàn lì hòu　liú bāng
西汉建立后，刘邦

fēn fēng zhū wáng　jiāng xú zhōu zhōu
分封诸王，将徐州周

wéi　xiàn huá wéi chǔ guó　cǐ hòu
围36县划为楚国，此后

▲ 汉朝时期的铸造业很发达。

gòng yán xù le　dài　gè zhū hóu wáng sǐ hòu dōu zàng zài le huán rào xú zhōu
共延续了12代，各诸侯王死后都葬在了环绕徐州

de shān qiū zhī zhōng
的山丘之中。

nián suì mò　xú zhōu shī zi shān
1995年岁末，徐州狮子山

chǔ wáng líng chū tǔ　le　yí jiàn zuì wéi wán měi de
楚王陵出土了一件最为完美的

jué pǐn　jīn lǚ yù yī　tā shì yóu sì qiān
"绝品"金缕玉衣，它是由四千

duō piàn dà xiǎo jī běn xiāng tóng de yù piàn yòng
多片大小基本相同的玉片用

汉高祖刘邦

汉代玉制品

楚王陵中出土的汉代玉制品形象逼真,做工精细。

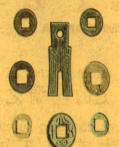

汉代钱币

汉代时,钱币面值已有大小区分,使用时更加方便。

金银错

汉代是我国金银错工艺最盛行的年代,图为汉代双翼兽金银错。

金丝串连起来的,每片玉上都有4只以上钻孔,这些钻孔细小的只有如今最小号的缝衣针才能插入,且紧依着边角工整地排列着,工艺及其精细。

徐州狮子山的海拔只有60米,让人意外的是拥有12个墓室单位的汉朝楚王陵竟然就在它的里面,陵墓规模巨大、结构独特,集中出土的文物有一千五百多件,它为汉文化的研究提供了完整而难得的资料。

丝绸之路 上失窃的宝藏

AOMI TIANXIA

有着千年历史的丝绸之路曾促进了东西方文化交流，在这条古道上不知有多少载着玉石、珠宝、陶器、丝帛、茶叶、葡萄的驼队和马队走过。

多少年后，丝绸之路由盛转衰，并被沙丘一点点吞噬了，往日丝绸之路的喧闹虽已不在，但关于它其中藏有珍奇异宝的传说却不曾停止

过，沙丘之下的财宝吸引着越来越多的西方人乐此不疲地踏上这片传奇的东方沙漠，他们或只身或结伙，用阴谋骗得这片古老土地上的朴实人们的信任，他们贪得无厌地搜刮着这片净土，掠走了大量的财宝、古代生活用品和数不清的文物，其中包括钱币、丝绸、雕塑、佛经、画卷、写本以及壁画等等。

jīn tiān　dāng wǒ guó àn zhào guó jì fǎ de guī
今天，当我国按照国际法的规

dìng xiàng dāng nián de liè qiáng yào huí wén wù shí　nà
定向当年的列强要回文物时，那

xiē zhèng fǔ què xuān chēng　wén wù bìng bú zài tā men
些政府却宣称，文物并不在他们

nà lǐ　yì xiē wén wù jiù zhè yàng bù zhī suǒ zōng
那里，一些文物就这样不知所踪，

▲ 西汉时的雕刻技艺十分高超。

▼ 古画的颜色调和，鲜艳如新。

shén mì xiāo shī le　　tā men jiū jìng bèi shéi dài
神秘消失了，它们究竟被谁带

dào le shén me dì fang　zhè cái shì wǒ men zuì
到了什么地方，这才是我们最

xiǎng jiě kāi de mí tuán
想解开的谜团。

丝绸之路?

　　丝绸之路是指西汉时，由张骞出使西域开辟的以长安为起点，经甘肃、新疆，到中亚、西亚，并联结地中海各国的陆上通道。因为在这条路西运的货物中，丝绸制品的影响最大，因此得名"丝绸之路"。

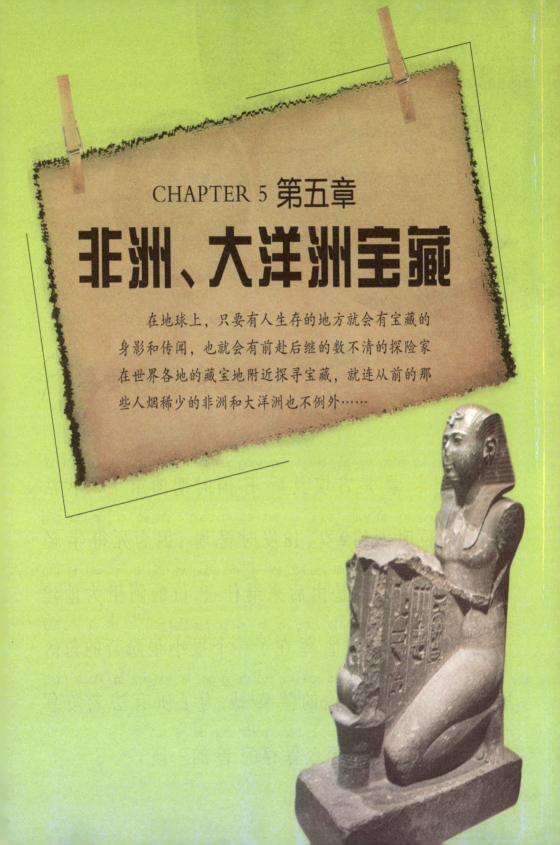

CHAPTER 5 第五章

非洲、大洋洲宝藏

在地球上，只要有人生存的地方就会有宝藏的身影和传闻，也就会有前赴后继的数不清的探险家在世界各地的藏宝地附近探寻宝藏，就连从前的那些人烟稀少的非洲和大洋洲也不例外……

▲ 雕刻着精致图案的王座。

推开 图坦卡蒙的陵墓
AOMI TIANXIA

tú tǎn kǎ méng shì gǔ āi jí xīn wáng guó shí qī de dì shí bā dài fǎ
图坦卡蒙是古埃及新王国时期的第十八代法

lǎo tā jí wèi shí dà yuē suì suì shí jià bēng yīn wèi sǐ de nián qīng
老。他即位时大约9岁，18岁时驾崩，因为死得年轻

ér tū rán tā de líng mù shì yóu hòu lái jì rèn wáng wèi de ā yī wèi tā jiàn
而突然，他的陵墓是由后来继任王位的阿伊为他建

chéng de dàn ā yī què bǎ tā zàng zài le yí gè hěn xiǎo hěn yǐn bì de jiǎo luò
成的，但阿伊却把他葬在了一个很小很隐蔽的角落

li yě zhèng yīn rú cǐ tā de líng mù chéng wéi le suǒ yǒu fǎ lǎo líng mù
里。也正因如此，他的陵墓成为了所有法老陵墓

zhōng wéi yī méi bèi dào jué zhì jīn bǎo cún wán shàn de yí zuò
中唯一没被盗掘、至今保存完善的一座。

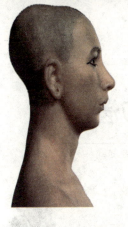

1922年，英国考古学家霍华德·卡特在卡纳冯伯爵的支持下开启了这座黄金墓室的大门，在长达10年的发掘、清理过程中，人们共找到了5 000多件文物，包括价值不菲的雕像和金银制品等数千年的稀世珍宝。

图坦卡蒙陵墓因其无可比拟的历史价值和隐藏的重重疑团，无可争议地排在了世界十大著名宝藏的第一位。

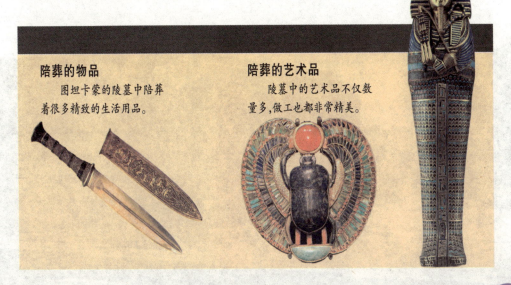

陪葬的物品
图坦卡蒙的陵墓中陪葬着很多精致的生活用品。

陪葬的艺术品
陵墓中的艺术品不仅数量多，做工也都非常精美。

埃及国王 塞提一世的遗宝

●●●●·AOMI TIANXIA

塞提一世是古埃及第十九王朝的法老，他是埃及历史上最富有的国王。塞提一世的儿子拉美西斯二世在他死后为其修筑了一座无比豪华的陵墓，而随他埋藏在墓中的宝藏也成为了后人津津乐道的话题。

▲ 塞提一世被称为古埃及历史上最伟大的法老。

▲ 陵墓墙壁上的壁画。

1817年意大利考古爱好者乔万尼·贝尔佐尼挖开了赛提一世的墓室，但里面除了一口空荡荡的镶金雪花石膏棺材外什么都没有。1960年深秋，埃及古物委员会官员阿布德·埃尔·哈飞兹带领工人用半年时间开掘出了一条通向墓室的隧道，在离希望越来越近时通道被横在隧道前的巨石挡住了，既搬不出来又不能炸毁，寻找宝藏的工作无疾而终。

到今天，仍没有人见到赛提一世的遗宝。

罗本古拉珍宝

AOMI TIANXIA

mǎ tǎ bèi lái shì fēi zhōu yí gè fù yù ér hé píng de guó jiā dàn zài
马塔贝莱是非洲一个富裕而和平的国家,但在

shì jì shí zhè lǐ níng jìng de shēng huó bèi tān dé wú yàn sì chù lüè duó de
19世纪时这里宁静的生活被贪得无厌、四处掠夺的

ōu zhōu rén dǎ pò le guó wáng luó běn gǔ lā xuǎn zé le táo lí jiā xiāng
欧洲人打破了,国王罗本古拉选择了逃离家乡。

nián zhǎn zhuǎn bēn bō le hěn jiǔ de luó běn gǔ lā yīn rǎn shàng
1894年,辗转奔波了很久的罗本古拉因染上

rè bìng sǐ qù àn zhào fēng sú tā yào yǔ tā píng shēng suǒ jī jù de cái bǎo
热病死去。按照风俗,他要与他平生所积聚的财宝

yì qǐ bèi mái zàng wū shī xuǎn dìng zàn bǐ yà hé fù jìn de yí kuài tǔ dì zuò
一起被埋葬。巫师选定赞比亚河附近的一块土地作

wéi guó wáng de mù dì zài wū shī de zhǐ huī xià jūn duì jiāng guó wáng de shī
为国王的墓地,在巫师的指挥下,军队将国王的尸

古老的非洲
　宁静而古老的非洲大陆本是一片如世外桃源般安详的地方。

体以及象牙、黄金、钻石等价值300万英镑的财宝埋入了坟墓中。尔后，巫师杀死了除自已以外所有知道埋葬国王和财宝地点的人。

对宝藏充满欲望的人从未停止过搜寻，但据说他们最终都惨死或无功而返，国王罗本古拉的宝藏也因此成了千古之谜。

探宝故事

　　在将国王安葬后的第四年，巫师去世了，但他的儿子却被探宝者穷追不舍，只得四处逃亡。一战后，一位军官从当地人口中听到这个传说，他找到巫师的儿子并得知了藏宝大致范围，但在挖掘过程中，不断发生各种事故，只得作罢。人们传说，这是巫师的咒语在保护国王的墓地。

澳大利亚 黄金礁之谜

AOMI TIANXIA

zài ào zhōu xiān qǐ táo jīn de kuáng cháo shí
在澳洲掀起淘金的狂潮时，

wéi duō lì yà de shuǐ shǒu liú yì sī lā sāi tè què
维多利亚的水手刘易斯·拉塞特却

xuǎn zé zhī shēn dào mài kè táng nà shān mài xún zhǎo
选择只身到麦克唐纳山脉寻找

gèng wéi bǎo guì de hóng bǎo shí kuàng dāng tā háo
更为宝贵的红宝石矿，当他毫

▲ 天然的红宝石非常少见珍贵。

wú suǒ huò ér zhǔn bèi dǎ dào huí fǔ de shí hou què yì wài de fā xiàn le yí
无所获而准备打道回府的时候，却意外地发现了一

gè huáng jīn jiāo dàn yīn liáng shi hé dàn shuǐ bù zú tā zhǐ dé xiān huí qu
个黄金礁，但因粮食和淡水不足，他只得先回去。

bù jiǔ hòu tā hé tóng bàn
不久后，他和同伴

dài hǎo liáng shi hé yí qì zài cì
带好粮食和仪器再次

zhǎo dào le huáng jīn jiāo kě tā
找到了黄金礁，可他

men fā xiàn zhǐ shì fāng xiàng de
们发现指示方向的

huái biǎo zǎo yǐ sǔn huài tā men
怀表早已损坏，他们

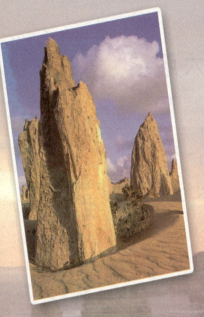

澳大利亚西部的岩塔沙漠。

再次失去了黄金礁的准确定位。多年后，拉塞特获得了政府强大的支持去寻找黄金礁，但黄金礁却不见了踪影，绝望的拉塞特选择了逃离。

拉塞特一生都在寻找黄金礁，但后人却无数次证实了黄金礁只是海市蜃楼的神话。

▼ 沙漠荒凉不毛，林立着无数塔状孤立的岩石。

发现黄金礁？

据拉赛特说，当时他已孤身在沙漠中跋涉了40多天，仍没找到红宝石，正当他泄了气想离开时，忽然发现四周的石头很有规律地排成一条直线伸向远方直到沙漠尽头，他好奇地敲开石头，竟看见了一层薄薄的黄金。

神秘的 亚历山大陵墓

AOMI TIANXIA

gǔ dài mǎ qí dùn guó wáng yà lì shān dà de yì shēng zhàn gōng hè hè
古代马其顿国王亚历山大的一生 战功赫赫，

tā jiàn lì le wěi dà de yà lì shān dà dì guó chuán qí de yì shēng bèi rén
他建立了伟大的亚历山大帝国，传奇的一生 被人

men suǒ chuán sòng zài yà lì shān dà sǐ hòu tā céng jīng de bù xià tuō lè
们所传颂，在亚历山大死后，他曾经的部下托勒

mì jiāng jūn yòng líng chē jiāng tā de yí tǐ yùn dào āi jí ān zàng zài le yà
密将军用灵车将他的遗体运到埃及，安葬在了亚

名字

亚历山大一词是"人类的守护者"的意思。亚历山大确实没有辜负这个大气的名字。

作为

亚历山大继位后，将马其顿的版图拓展到印度河和尼罗河之间的广阔范围内。

亚历山大城

以亚历山大名字命名的埃及北部沿海的亚历山大城，现在是埃及最大的港口。

征战

亚历山大足智多谋，能征善战，他建立了庞大的帝国。图为亚历山大征战的场景。

历山大城，并为他建造了一座富丽堂皇的陵墓。

随着时间的推移、朝代的更迭，当今天的人们开始寻找亚历山大陵墓时，关于陵墓的事情却已被人们所遗忘。有考古学家推测，亚历山大陵墓是圆锥形建筑，还有人认为，亚历山大的棺木应在庙宇中，周围有一些圆柱形的建筑，但可惜这些猜测都没有得到证实。陵墓在哪里，到底什么样子，无人知道。亚历山大的陵墓就这样成为了一个谜。

留下希望

在亚历山大远征东方波斯前，他将自己所有财产全部分赠给他人，有位将领问他："陛下，您把所有的东西分光，把什么留给自己呢？""希望！"亚历山大干脆利落地答道，"我把希望留给自己！它将给我带来无穷的财富！"

无所畏惧

亚历山大一生无所畏惧，他曾说过："山不走到我这里来，我就到它那里去。"

远征波斯

亚历山大灭亡波斯帝国是历史上少有的以少胜多的战役。图为亚历山大征战波斯。

103

寻找海底"克洛斯维诺尔"珍宝

AOMI TIANXIA

"金刚石、红宝石、蓝宝石和翡翠19箱,价值51.7万英镑;金锭,价值42万英镑;金币,71.7万英镑;白银1 450锭。"这是传奇海难

▲ 船是当时最主要的交通工具。

事故中的主角"克洛斯维诺尔"号沉船所装载的宝藏清单。

事故发生在1782年6月15日,那天,载有150名乘客及大量贵重物品的三桅大帆船"克洛斯维诺尔"号离开锡兰(现在的斯里兰卡)港,50天后,船到达非洲东南角沿海一带

shí tū yù qiáng fēng bào　chuán yuán suī cǎi qǔ le yìng
时突遇强风暴，船员虽采取了应

jí cuò shī　dàn mù chuán zuì zhōng hái shi zhuàng xiàng
急措施，但木船最终还是撞向

le xuán yá　qiān chuāng bǎi kǒng de fān chuán jiù zhè
了悬崖，千疮百孔的帆船就这

yàng dài zhe jù é de cái bǎo zàng shēn yú hǎi dǐ
样带着巨额的财宝葬身于海底。

zhè xiē nián suī yǒu tàn bǎo rén bú duàn sōu xún
这些年虽有探宝人不断搜寻

kè luò sī wéi nuò ěr　　què shǐ zhōng dōu méi
"克洛斯维诺尔"，却始终都没

néng kàn dào tā de zhēn shí miàn mù　yě yīn cǐ
能看到它的真实面目，也因此，

rén men duì tā zhuāng zài de bǎo zàng chōng mǎn le
人们对它装载的宝藏充满了

qī dài
期待。

海底宝藏

没人知道，这蔚蓝的大海下到底埋藏着多少宝藏。

古钱币

1842年，曾有人在沉船附近的海域里发现了250枚古钱币。

宝藏梦

在海底沉睡的"克洛斯维诺尔"上的宝藏令多少探宝者魂牵梦绕。

探宝失败？

　　1921 年，曾有一个自发的挖掘"克洛斯维诺尔"的组织，他们计划从岸边开凿一条通往海底的隧道，再在船底打洞捞金，3 个月后，正当隧道开通到距沉船下 9 米深处的位置时，海底沉积层突然塌陷了，海水涌进了隧道，施工被迫停止。

105

▲ 希腊时期的头盔。

满载希腊艺术珍品的"玛迪亚"号沉船
●●●● AOMI TIANXIA

　　　　nián　　　yì míng xī là gōng rén zài mǎ dí yà hǎi dǎ lāo hǎi mián
1907 年，一 名 希 腊 工 人 在 马 迪 亚 海 打 捞 海 绵

shí　yì wài de fā xiàn hǎi miàn xià　　mǐ shēn de hǎi dǐ yǒu yí gè xiàng dà pào
时，意 外 地 发 现 海 面 下 40 米 深 的 海 底 有 一 个 像 大 炮

yí yàng de dōng xi　　suí hòu　　gōng rén men zài cǐ　dì yòu dǎ lāo chū hěn duō
一 样 的 东 西，随 后，工 人 们 在 此 地 又 打 捞 出 很 多

shuāng ěr táo píng hé qīng tóng zhì pǐn de suì piàn　　suí zhe gè guó zhuān jiā　jí
双 耳 陶 瓶 和 青 铜 制 品 的 碎 片，随 着 各 国 专 家 及

qián shuǐ yuán de cān yǔ　　gè zhǒng yì shù jīng pǐn jí　xī shì zhēn bǎo yě bèi xiāng
潜 水 员 的 参 与，各 种 艺 术 精 品 及 稀 世 珍 宝 也 被 相

jì dǎ lāo shang lai
继 打 捞 上 来。

yuán lái　zhè xiē bǎo bèi dōu shì lái zì shēn
原来，这些宝贝都是来自深

hǎi xià yì sōu jiào zuò　　mǎ dí yà　hào de mǎn
海下一艘叫做"玛迪亚"号的满

zài xī là yì shù zhēn pǐn de chén chuán　zhuān jiā tuī cè　gāi chuán shì gōng
载希腊艺术珍品的沉船，专家推测，该船是公

yuán qián　nián zhēng fú yǎ diǎn de luó mǎ zhí zhèng guān lǔ xī ā sī　sī
元前86年征服雅典的罗马执政官鲁希阿斯·斯

lǔ lā de　　tā běn xiǎng jiāng lüè duó pǐn mǎn zài yùn huí luó
鲁拉的，他本想将掠夺品满载运回罗

mǎ　què bú xìng zài tú zhōng yù dào bào fēng　zhè sōu jià
马，却不幸在途中遇到暴风，这艘价

zhí lián chéng de dà chuán chén rù le hǎi dǐ　piāo liú dào
值连城的大船沉入了海底，漂流到

le mǎ dí yà hǎi yù bìng cháng mián yú cǐ
了玛迪亚海域并长眠于此。

zhì jīn　dǎ lāo zhēn bǎo de gōng zuò réng zài jì xù
至今，打捞珍宝的工作仍在继续。

隆美尔藏宝地之谜

AOMI TIANXIA

隆美尔是希特勒手下战功卓著的名将之一，当年，隆美尔搜刮的黄金和财宝无数。

在战争即将结束时，隆美尔为安置自己的这些财宝，派一支高速快艇舰队从海上迷惑英国军队，而另一支装载他近百箱金币和珠宝的车队则马不停蹄地赶往撒哈拉沙漠边缘的杜兹镇，在那由

军事天赋

隆美尔的军事天赋似乎是与生俱来的，他指挥过很多次以少胜多的战役。

另一队人马用骆驼将宝藏转移并埋藏在了沙漠中的安全地点，但事不遂人愿，藏好宝藏的人在返回途中被英军伏击，全部战死，宝藏的确切地点也因他们的死而成了一个谜，没有人知道宝藏被埋在了这片炙热黄沙中的哪个位置。

几十年来，许多人试图寻找宝藏的下落但都无功而返，隆美尔的宝藏就这样至今无人见过。

"沙漠之狐"

在第二次世界大战的璀璨将星中，能做到生前显赫，死后殊荣不断，特别是被敌对双方都认可的，也许只有隆美尔一人。隆美尔高超的军事素质和出色的战术才能受到了许多军事爱好者，甚至是著名军事家的尊敬和崇拜，他被人称作"沙漠之狐"。

远古的水晶

AOMI TIANXIA

ào dà lì yà de yí chù yuǎn gǔ rén lèi
澳大利亚的一处远古人类

yí zhǐ zhōng yǒu zhe zhòng duō wén wù　kǎo gǔ
遗址中有着众多文物，考古

xué jiā zài qí zhōng fā xiàn le yí kuài shǎn shǎn
学家在其中发现了一块闪闪

fā liàng de shuǐ jīng　zhè yǐn qǐ le kǎo gǔ xué
发亮的水晶，这引起了考古学

jiā de zhòng shì
家的重视。

▲ 发掘出的远古水晶。

zhè kuài shuǐ jīng de biǎo miàn yǒu míng
这块水晶的表面有明

xiǎn de bèi qiē gē guo de hén jì　ér qiě biǎo
显的被切割过的痕迹，而且表

miàn guāng huá　hěn míng xiǎn shì jīng guò jīng xì
面光滑，很明显是经过精细

dǎ mó de　zhè ràng kǎo gǔ xué jiā mí huò bù
打磨的，这让考古学家迷惑不

jiě　yīn wèi zài shēng chǎn lì luò hòu ér gōng
解。因为在生产力落后而工

jù jiǎn dān de yuán shǐ shè huì　rén men shì
具简单的原始社会，人们是

▼ 晶莹剔透的水晶。

形状

结晶完美的水晶晶体呈六棱柱状，柱体为一头尖或两头尖。

化学成分

水晶的主要化学成分是二氧化硅，二氧化硅结晶完美时就是水晶。

水晶颜色

常见水晶颜色有无色、紫色、黄色、绿色及烟色等。

wú fǎ qiē gē chū rú cǐ guī zhěng de shuǐ jīng de
无法切割出如此规整的水晶的，

ér qiě nà gè shí qī de rén
而且那个时期的人

men hěn yǒu kě néng hái bù zhī dao shuǐ jīng shì shén me
们很有可能还不知道水晶是什么。

rú guǒ zhè kuài shuǐ jīng
如果这块水晶

shì xiàn dài rén lèi de jié zuò nà
是现代人类的杰作，那

me tā yòu shì rú hé jìn rù yuǎn
么它又是如何进入远

gǔ yí zhǐ zhōng de ne
古遗址中的呢？

mí tuán chóng chóng jiē mì
谜团重重，揭秘

zhī lù hái hěn cháng
之路还很长。

水晶？

水晶不仅样子干净惹人喜爱，经常佩戴也有利于人的健康，因此，水晶被人们誉为世界上最纯净的东西，被比作圣人智慧的结晶，大地万物的精华，人们给珍奇的水晶赋予了许多美丽的神话故事，将象征、希望都寄托于它的身上。

ⓒ 崔钟雷 2012

图书在版编目(CIP)数据

孩子最爱看的宝藏奥秘传奇 / 崔钟雷编著.—沈阳：
万卷出版公司，2012.6（2019.6重印）
（奥秘天下）
ISBN 978-7-5470-1879-8

Ⅰ.①孩… Ⅱ.①崔… Ⅲ.①文物－考古－世界－少
儿读物 Ⅳ.①K86-49

中国版本图书馆 CIP 数据核字（2012）第 090614 号

出版发行：北方联合出版传媒（集团）股份有限公司
　　　　　万卷出版公司
　　　　　（地址：沈阳市和平区十一纬路 29 号 邮编：110003）
印 刷 者：北京一鑫印务有限责任公司
经 销 者：全国新华书店
幅面尺寸：690mm×960mm　1/16
字　　数：100 千字
印　　张：7
出版时间：2012 年 6 月第 1 版
印刷时间：2019 年 6 月第 4 次印刷
责任编辑：张 黎
策　　划：钟 雷
装帧设计：稻草人工作室
主　　编：崔钟雷
副 主 编：张文光　翟羽朦　李 雪
ISBN 978-7-5470-1879-8
定　　价：29.80 元

联系电话：024-23284090
邮购热线：024-23284050/23284627
传　　真：024-23284448
E－mail：vpc_tougao@163.com
网　　址：http://www.chinavpc.com

AOMI TIANXIA

奥秘天下